W0222285

Glamour elegant

Sie suchen edle Schmuckstücke mit eleganter Anmutung? Sie haben Spaß an Kreativität und Individualität? Dann ist dieses Buch genau das Richtige für Sie.

Aus hochwertigen Kristall-Schliffperlen von Swarovski® und weiteren Materialien können Sie exquisite Ringe, Ketten, Armbänder und mehr selbermachen. Dank ausführlicher Anleitungen und genauer Fädelskizzen ist das Nacharbeiten ganz einfach. Sie werden erstaunt sein, wie viel Spaß das Fädeln und Tragen einzigartiger Schmuckstücke macht!

Die Motive lassen sich in folgende Schwierigkeitsgrade unterteilen:

● ○ ○ einfach ● ● ○ etwas schwieriger ● ● ● anspruchsvoll

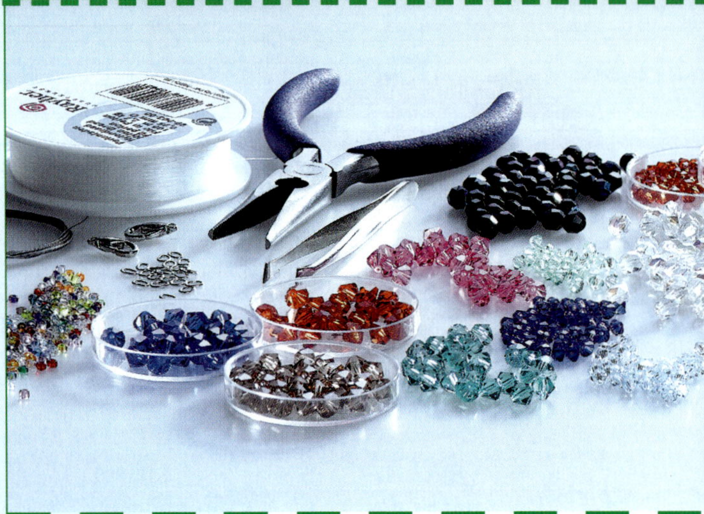

LEGENDE

Am häufigsten verwendete Perlen:

- Swarovski®-Kristall-Schliffperle, ø 4 mm
- Swarovski®-Kristall-Schliffperle, ø 6 mm
- Swarovski®-Kristall-Schliffperle, ø 8 mm
- Swarovski®-Kristall-Würfel, 4 mm x 4 mm
- Swarovski®-Kristall-Würfel, 8 mm x 8 mm
- Swarovski®-Kristall-Scheibe, ø 6 mm
- Swarovski®-Kristall-Perltropfen, 10 mm x 7 mm
- Swarovski®-Kristall-Olive, 7,5 mm x 7,5 mm
- Swarovski®-Kristall-Schmuckkreuz, ø 20 mm
- Swarovski®-Kristall-Herz, 10,3 mm x 10 mm
- Glasschliff-Perle, ø 3 mm
- Glasschliff-Perle, ø 4 mm
- Glasschliff-Perle, ø 10 mm
- Quetschperle, ø 1,8 mm
- Strassstein zum Aufnähen, ø 4 mm
- Glasstift, 2 mm x 7 mm
- Rocaille, ø 2 mm
- Rocaille, ø 2,6 mm

Die wichtigsten Materialien

Kristall-Schliffperlen von Swarovski®

Kristall-Schliffperlen bestechen durch ihre klaren, wunderschönen Farben und ihren präzisen Schliff. Für die gezeigten Schmuckstücke werden verschiedene Formen verwendet.

Glasschliff-Perlen

Glasschliff-Perlen werden in verschiedenen Größen, Farben und Formen verwendet. Sie sind gelüstert, das heißt, sie schimmern regenbogenartig.

Glasstifte

Glasstifte werden in verschiedenen Längen und einer sehr großen Farbauswahl angeboten.

Rocailles

Rocailles sind Glasperlen. Sie werden in verschiedenen Größen und Farben angeboten.

Nylonfaden

Nylonfaden, ø 0,25 mm, wird für alle Fädelarbeiten benötigt.

Kunststoffummantelter Schmuckdraht

Kunststoffummantelter Schmuckdraht, ø 0,4 mm, ist verschiedenen Farben erhältlich.

Quetschperlen

Quetschperlen sind Metallperlen, die mit einer Flachzange zusammengedrückt werden und so Nylonfaden und Schmuckdraht einklemmen. Sie sind silber- und goldfarben erhältlich und werden zum Anbringen von Verschlüssen und Fixieren einzelner Perlen auf Schmuckdraht verwendet.

Quetschkalotten

Quetschkalotten in Silber und Gold werden zum Anbringen von Verschlüssen verwendet.

Verschlüsse

Im gut sortierten Fachgeschäft erhalten Sie verschiedene Modelle.

Ringel

Ringel, oval oder rund, sind in Silber, Gold und unterschiedlichen Größen erhältlich. Sie verbinden z. B. Quetschkalotte und Verschluss.

Broschennadeln

Broschennadeln werden in Gold, Silber und in verschiedenen Größen angeboten.

Prismenstifte

Prismenstifte sind Drahtstifte, die auf einer Seite ein flaches Köpfchen haben. Sie sind in Silber, Gold und verschiedenen Längen erhältlich.

Kettelstifte

Kettelstifte sind Drahtstifte, die auf einer Seite eine kleine Öse haben. Sie sind in Silber, Gold und verschiedenen Längen erhältlich.

Verbinder

Können für Lederriemen und Satinbänder verwendet werden um diese mit dem Verschluss zu verbinden.

Tipp: Draht sollten Sie nicht mit einer Schere schneiden, die Sie noch anderweitig verwenden möchten.

Benützen Sie keinen Sekundenkleber, da der Nylonfaden sonst brüchig wird!

Sie sollten sich unbedingt an die Größenangaben der Perlen halten, damit die Schmuckstücke gelingen.

Die Farben der Schmuckstücke können Sie nach Ihrem Geschmack abändern.

Hinweis: Um die Skizzen übersichtlich zu machen, werden die im Arbeitsschritt neu hinzukommenden Perlen dunkler als die bereits aufgefädelten Perlen dargestellt.

Hilfsmittel

Die benötigten Hilfsmittel werden in den einzelnen Materiallisten nicht nochmals aufgeführt.

Moosgummiplatte

Eine Moosgummiplatte als Arbeitsunterlage verhindert das Wegspringen der Perlen.

Alleskleber

Mit Alleskleber die verknoteten Nylonfäden sparsam betupfen und dadurch zusätzlich sichern.

Schmuckkleber

Schmuckkleber wird nur für starre Verbindungen eingesetzt, z. B. für das Anbringen von Broschennadeln oder das Aufkleben von Ohrringen. Die Klebefläche muss fettfrei sein, diese eventuell mit einem mit wenig Lösungsmittel (z. B. Nagellackentferner) benetztem Wattestäbchen reinigen. Verklebte Schmuckstücke über Nacht trocknen lassen.

Nähnadel

Nähnadel zum Aufnähen von Schmuckelementen.

Schere

Sehr kleine, spitze Schere zum Kürzen des Nylonfadens.

Pinzette

Eine schmale, gerade und möglichst spitze Pinzette ist immer da eine große Hilfe, wo die Finger nicht mehr dazwischen kommen.

Kneifzange

Kleine Kneifzange zum Durchtrennen von Schmuckdraht.

Flachzange

Eine schmale Flachzange zum Zusammendrücken von Quetschperlen und Quetschkalotten.

Rundzange

Eine Rundzange um Ösen selber zu biegen.

Zahnstocher

Zum gezielten Anbringen von Klebstoff.

So wird's gemacht

Fixieren von Perlen

Auf Schmuckdraht oder Nylonfaden eine Quetschperle, eine Schmuckperle und eine weitere Quetschperle fädeln. In der gewünschten Position die Quetschperle mit der Flachzange kräftig zusammendrücken.

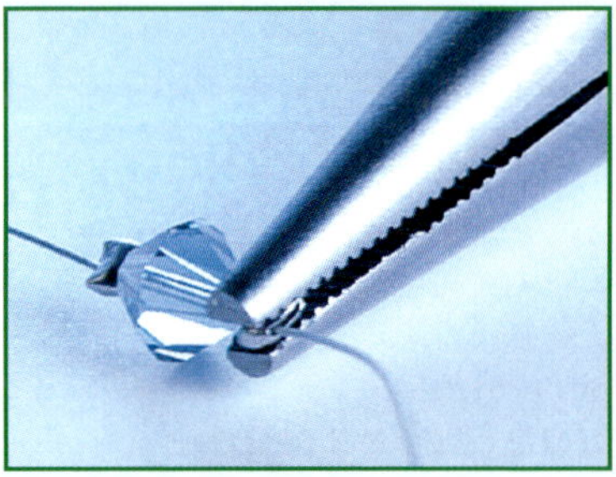

Anbringen von Verschlüssen

an Schmuckdraht und Nylonfaden

Am Ende des Schmuckdrahtes bzw. Nylonfadens eine Quetschperle durch kräftiges Zusammendrücken anbringen. Draht bzw. Faden ca. 1 mm nach der Quetschperle abzwicken.
In die Quetschkalotte etwas Kleber tupfen. Das Ende des Drahtes bzw. Fadens einlegen und die Quetschkalotte mit der Flachzange zusammendrücken. Mithilfe eines Ringels den Verschluss in die Öse der Kalotte einhängen.

Einkleben von Satinbändern oder Lederriemen in Verbinder

Kleber in den Verbinder tropfen und das Ende des Satinbandes bzw. Lederriemens einkleben. Dazu eine Pinzette oder einen Zahnstocher zur Hilfe nehmen.

Fädeln auf Nylonfaden

Die Fädeltechniken werden bei den einzelnen Modellen genau und mit Skizzen beschrieben. Die Fäden werden häufig durch eine Perle gekreuzt, dies bedeutet, dass die beiden Fadenenden in entgegengesetzter Richtung durch eine Perle geführt werden.

Wichtig: Beim Fädeln unbedingt auf gute Fadenspannung achten!

Bei Ringen zur Stabilisierung die Ringschiene nochmals zurückfädeln.
Bei allen Fädelarbeiten die Fäden an einer unauffälligen Stelle miteinander verknoten. Mithilfe eines Zahnstochers Alleskleber auf den Knoten geben, dann nochmals verknoten. Den Knoten möglichst in eine Perle ziehen, dann die überstehenden Fadenenden abschneiden. Statt zu knoten können Sie die Fäden so lange in den Perlen vernähen, bis sie fest sitzen. Eine sehr elegante, aber etwas mühevolle Arbeit.

Kombinationsleitfaden

Bei einigen Schmuckstücken finden Sie dieses Symbol in verschiedenen Farben. Dieses zeigt Ihnen, welches andere im Buch gezeigte Schmuckstück dazu passt.

Kette und Ohrringe

→ schlicht und elegant

Kette

1 Durch das zweite, vierte und sechste Loch eines Zwischenstücks je einen Prismenstift stecken und unter dem Zwischenstück mit je einer Quetschperle fixieren. Die Köpfchen der Prismenstifte sitzen über dem Zwischenstück.

2 Swarovski®-Perlen in Amethyst aufstecken und mit Quetschperlen fixieren. Das nächste Zwischenstück aufstecken und mit Quetschperlen fixieren. Auf jeden Prismenstift eine Swarovski®-Perle in Smaragd aufstecken und mit Quetschperlen fixieren. Das letzte Zwischenstück aufstecken und mit Quetschperlen fixieren. Auf die äußeren Prismenstifte je eine Swarovski®-Perle in Amethyst aufstecken, mit Quetschperlen fixieren und dann den überstehenden Stift abzwicken.

WEITERFÜHRUNG

Kette und Ohrringe

3 Auf dem mittleren Prismenstift eine Swarovski®-Perle in Smaragd mit einer Quetschperle fixieren, eine Swarovski®-Perle in Amethyst aufziehen, mit einer Quetschperle fixieren und den überstehenden Stift abzwicken.

4 Je ein Stück Edelstahldraht durch die äußeren Löcher der Zwischenstücke ziehen und unter dem untersten und über dem obersten Zwischenstück mit einer Quetschperle fixieren.

5 Dann den Verschluss wie auf Seite 4 beschrieben anbringen.

Ohrringe

1 Durch das zweite und vierte Loch des Zwischenstücks je einen Prismenstift stecken, unter dem Zwischenstück mit je einer Quetschperle fixieren. Die Köpfchen der Prismenstifte sitzen über dem Zwischenstück.

2 Die Swarovski®-Perlen in Amethyst aufstecken und mit Quetschperlen fixieren. Das nächste Zwischenstück aufstecken und mit Quetschperlen fixieren.

3 Auf jeden Prismenstift eine Swarovski®-Perle in Smaragd aufstecken und mit Quetschperlen fixieren. Dann das letzte Zwischenstück aufstecken und mit Quetschperlen fixieren.

4 Auf die äußeren Prismenstifte je eine Swarovski®-Perle in Amethyst aufstecken, mit einer Quetschperle fixieren und überstehenden Stift abzwicken.

5 In das mittlere Loch des untersten Zwischenstücks einen Prismenstift stecken. Eine Quetschperle aufziehen und fixieren. Ca. 6 mm tiefer eine weitere Quetschperle fixieren. Eine Swarovski®-Perle in Smaragd aufstecken und fixieren, dann den überstehenden Stift abzwicken.

6 Durch das mittlere Loch im oberen Zwischenstück von unten nach oben einen Prismenstift stecken und über dem Zwischenstück mit einer Quetschperle fixieren. Ca. 3 mm darüber eine weitere Quetschperle fixieren. Mithilfe einer Rundzange den Prismenstift darüber zu einer kleinen Öse biegen und den restlichen Draht abzwicken.

7 In diese Öse den Ohrhaken einhängen.

TIPP: Die abgezwickten Drahtenden sind evtl. etwas scharfkantig. Sie können mit einer feinen Feile vorsichtig abgerundet werden.

MATERIAL

KETTE

- 6 Swarovski®-Perlen in Amethyst, ø 6 mm
- 4 Swarovski®-Perlen in Smaragd, ø 6 mm
- 3 Zwischenstücke in Silber mit sieben Löchern, 3 cm lang
- 3 Prismenstifte in Platin, 40 mm x 0,8 mm
- 25 Quetschperlen in Silber, ø 1,8 mm
- 2 Quetschkalotten in Silber, ø 4 mm
- 2 Ringel in Silber, oval, 5,2 mm x 3,7 mm
- Karabinerverschluss in Silber
- Edelstahldrahtseil, ø 3 mm, 2 x 26 cm lang

OHRRINGE

- 8 Swarovski®-Perlen in Amethyst, ø 6 mm
- 6 Swarovski®-Perlen in Smaragd, ø 6 mm
- 6 Zwischenstücke in Silber mit fünf Löchern, 2 cm lang
- 8 Prismenstifte in Platin, 40 mm x 0,8 mm
- 34 Quetschperlen in Silber, ø 1,8 mm
- 2 Ohrhaken in Silber

Seite 29

Kette

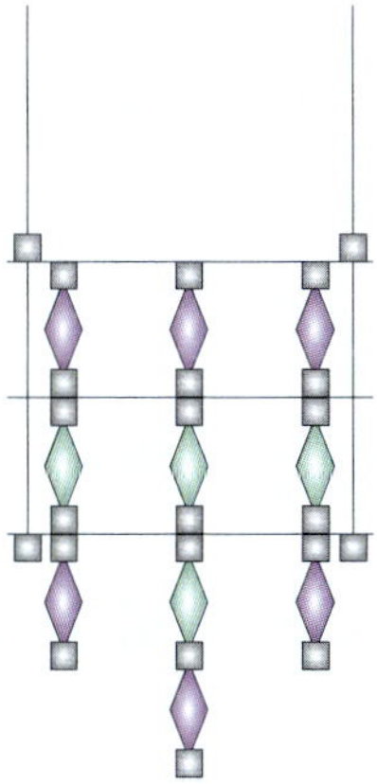

Ohrringe

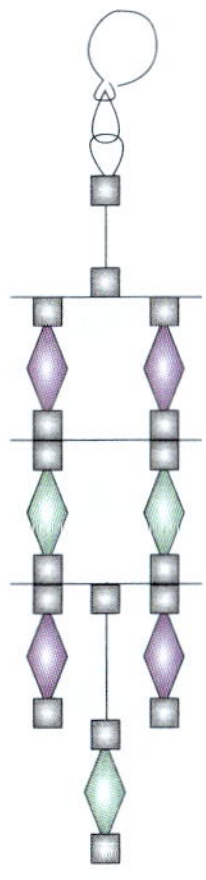

Festliches Ensemble

→ mit nostalgischer Anmutung

MATERIAL MEDAILLON IN GOLD

- 42 Swarovski®-Perlen in Star Kupfergold, ø 4 mm
- 28 Swarovski®-Perlen in Star Smaragd, ø 4 mm
- 13 Rocailles in Schwarz, ø 2,6 mm
- Swarovski®-Kristall-Herz, 10,3 mm x 10 mm
- Ringel in Gold, ø 7 mm
- Verbinder in Gold, ø 2 mm
- Nylonfaden, ø 0,25 mm, ca. 1,50 m lang
- Satinband in Schwarz, 0,5 cm breit, ca. 70 cm lang

MEDAILLON IN BLAU

- 42 Swarovski®-Perlen in Ebenholz, ø 4 mm
- 28 Swarovski®-Perlen in Star Blaugrau, ø 4 mm
- 13 Rocailles in Porzellan Hellblau, ø 2,6 mm
- Swarovski®-Kristall-Herz, 10,3 mm x 10 mm
- Ringel in Silber, ø 7 mm
- Verbinder in Silber, ø 2 mm
- Nylonfaden, ø 0,25 mm, ca. 1,50 m lang
- Lederriemen in Hellblau, ca. 70 cm lang

Seite 10, 12

Medaillons

1 Vierzehn Swarovski®-Perlen in Kupfergold bzw. Ebenholz auf den Nylonfaden aufnehmen und gemäß Abb. 1 durch Kreuzen durch zwei Perlen zum Kreis schließen. Arbeitsstück in die Mitte des Fadens ziehen.

2 Bei mäßiger Fadenspannung durch Kreisfädelungen den Kranz ausarbeiten (Abb. 2). Die parallel liegenden Swarovski®-Perlen haben die gleiche Farbe, Farbskizze beachten.

3 Arbeitsstück umdrehen, sodass der auf der Rückseite liegende, innere Kreis aus Swarovski®-Perlen gearbeitet werden kann.

4 Abbildung 3 zeigt den äußeren, bereits ausgearbeiteten Swarovski®-Perlenkreis hellgrau dargestellt. Die Ausgangsposition

Abb. 1

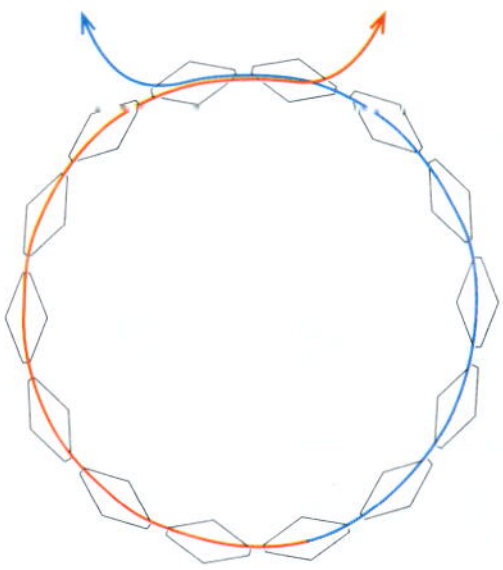

Abb. 2

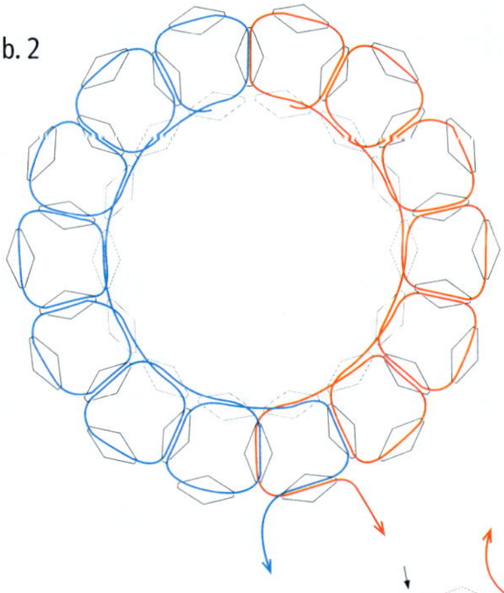

Abb. 3

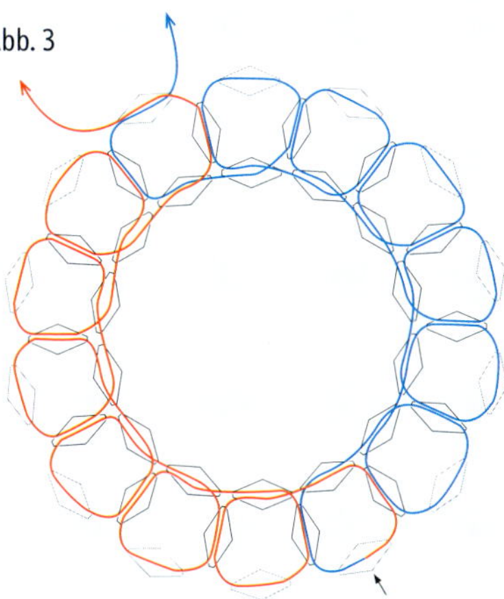

Abb. 4

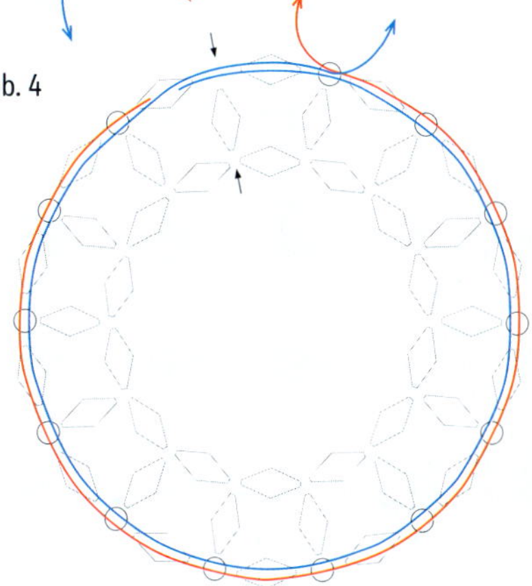

Medaillon in Gold

Medaillon in Blau

WEITERFÜHRUNG

Festliches Ensemble

MATERIAL

RING IN GOLD

- 8 Swarovski®-Perlen in Star Kupfergold, ø 4 mm
- 10 Swarovski®-Perlen in Star Smaragd, ø 4 mm
- Swarovski®-Kristall-Würfel, 4 mm x 4 mm
- 4 Glasschliff-Perlen in Onyx, ø 4 mm
- ca. 29-38 Glasschliff-Perlen in Onyx, ø 3 mm
- Rocailles in Schwarz, ø 2,6 mm
- Nylonfaden, ø 0,25 mm, ca. 1 m lang

RING IN BLAUGRAU

- 8 Swarovski®-Perlen in Ebenholz, ø 4 mm
- 10 Swarovski®-Perlen in Star Blaugrau, ø 4 mm
- Swarovski®-Kristall-Würfel, 4 mm x 4 mm
- 4 Glasschliff-Perlen in Onyx, ø 4 mm
- ca. 29-38 Glasschliff-Perlen in Onyx, ø 3 mm
- Rocailles in Porzellan Hellblau, ø 2,6 mm
- Nylonfaden, ø 0,25 mm, ca. 1 m lang

Seite 8, 12

wurde zur besseren Orientierung mit einem Pfeil markiert. Bei mäßiger Fadenspannung durch Kreisfädelungen den Kranz nach innen arbeiten. Diesen inneren Kreis aus Stabilitätsgründen noch einmal zurückfädeln. Nach Beenden der Runde die Fäden wieder in den äußeren Kreis fädeln und dort durch eine Swarovski®-Perle gekreuzt austreten lassen (Abb. 3).

5 In die Lücken zwischen den am Rand liegenden Swarovski®-Perlen Rocailles fädeln. In eine beliebige Lücke statt einer Rocaille den Verbinder fädeln. An der genau darunter liegenden Position den großen Ringel mit Herz einhängen (Abb. 4).

6 Arbeit wie auf Seite 5 beschrieben abschließen. In den Verbinder einen Tropfen Alleskleber geben und Satinband bzw. Lederriemen einkleben und trocknen lassen.

Tipp: Das Medaillon wird am schönsten, wenn Sie sich die Zeit nehmen und die Fäden möglichst lange im Arbeitsstück verweben. Es ergibt mehr Plastizität und Stabilität.

Tipp: Das Band wird durch Verknoten im Nacken geschlossen. Wer möchte, kann natürlich auch mithilfe von zwei weiteren Verbindern und zwei Ringeln einen Verschluss anbringen.

Ring in Gold

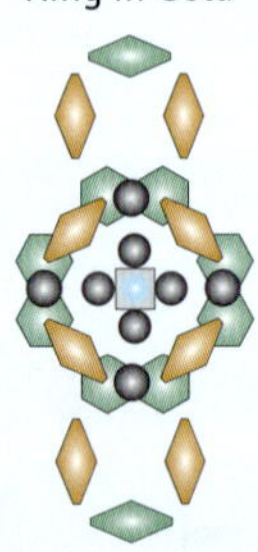

Ring in Blaugrau

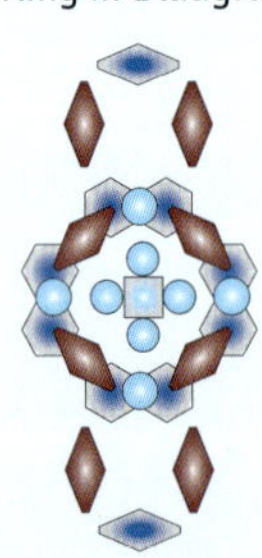

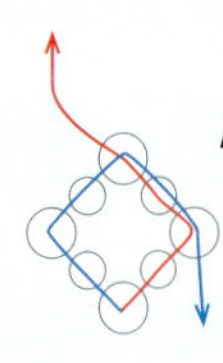

Abb. 1

Abb. 2

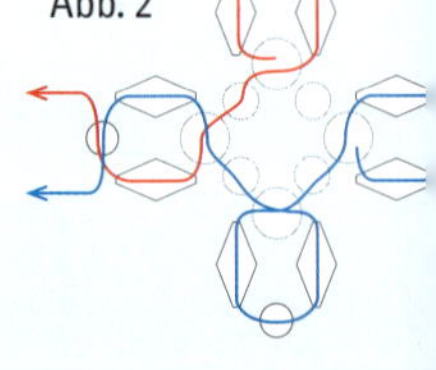

Ring

1 Glasschliff-Perle (ø 4 mm), Rocaille, Glasschliff-Perle (ø 4 mm), Rocaille, Glasschliff-Perle (ø 4 mm), Rocaille, Glasschliff-Perle (ø 4 mm) und eine weitere Rocaille im Wechsel aufnehmen und durch Kreuzen durch zwei Glasschliff-Perlen und eine Rocaille zum Kreis schließen. Arbeit in die Mitte des Fadens ziehen (Abb. 1) .

2 In Kreisfädelungen grüne bzw. blaugraue Swarovski®-Perlen und je eine Rocaille einarbeiten (Abb. 2).

3 Zwischen die bereits aufgenommenen Rocailles die kupfergoldenen bzw. ebenholzfarbenen Swarovski®-Perlen fädeln. Beide Fäden zusammen durch einen Rocaille, den Würfel und wieder durch eine Rocaille ziehen (Abb. 3).

4 Durch die in Abbildung 4 mit Pfeil 1 markierte Rocaille kreuzen. Die Fäden gemäß dieser Abbildung durch die senkrecht stehenden Swarovski®-Perlen (sechseckig dargestellt) führen und durch die darunter liegende, mit Pfeil 2 markierte Glasschliff-Perle kreuzen (Abb. 4).

5 Von dieser Perle ausgehend die Ringschiene arbeiten. Dafür zunächst auf jeden Faden eine kupfergoldene bzw. ebenholzfarbene Swarovski®-Perle aufnehmen und durch eine grüne bzw. blaugraue Swarovski®-Perle kreuzen. Danach immer auf jeden Faden eine Glasschliff-Perle (ø 3 mm) aufnehmen und durch eine dritte kreuzen (Abb. 5).

6 Kurz bevor die Ringschiene lang genug ist, durch eine grüne bzw. blaugraue Swarovski®-Perle kreuzen, auf jeden Faden eine kupfergoldene bzw. ebenholzfarbene Swarovski®-Perle aufnehmen und durch die in Abbildung 5 mit Pfeil markierte Glasschliff-Perle kreuzen.

6 Arbeit wie auf Seite 5 beschrieben abschließen.

Kreolen

1 Mit einer heißen Nadel durch das Gummihinterteil des Ohrsteckers einen Kanal im rechten Winkel zu dem bereits bestehenden Kanal stechen. Diesen jedoch nicht kreuzen (Abb. A, Seite 12).

2 Die Unterseite aus Glasschliff-Perlen (ø 4 mm) arbeiten. Das Gummihinterteil einarbeiten, hierfür die Fäden durch den selbst gestochenen Kanal kreuzen (Abb. 1, Seite 12).

3 Durch die drei zuletzt aufgenommenen Glasschliff-Perlen zurückfädeln (Abb. 2, Seite 12).

4 Auf jeden Faden eine Swarovski®-Perle aufnehmen (Farbskizze beachten). Durch eine Rocaille kreuzen und wieder auf jeden Faden eine Swarov-

Abb. 3

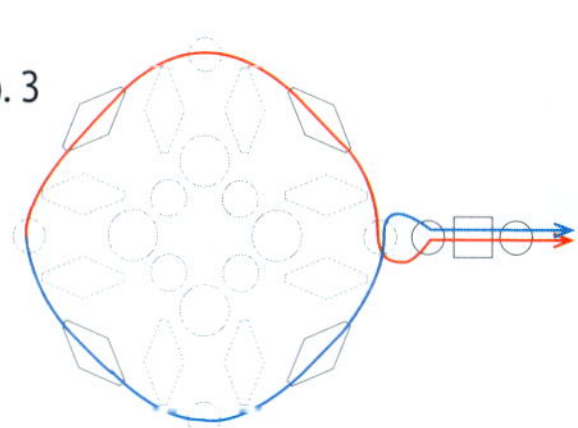

Abb. 4

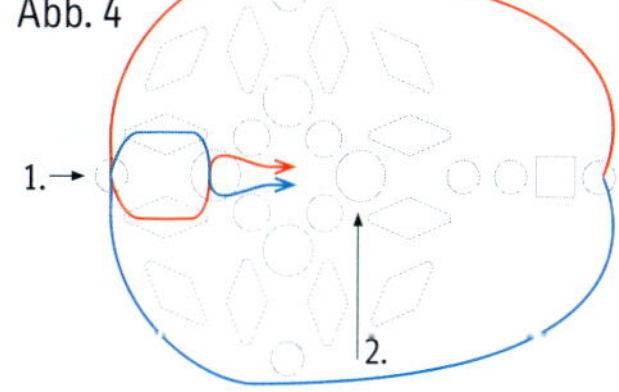

Abb. 5

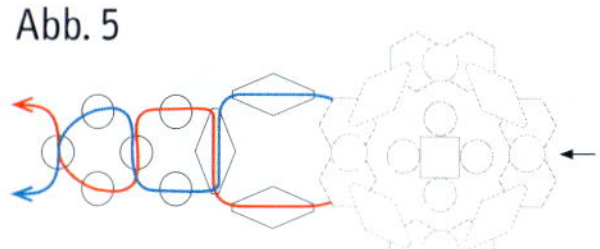

MATERIAL KREOLEN IN GOLD

- 28 Swarovski®-Perlen in Kupfergold, ø 4 mm
- 28 Swarovski®-Perlen in Star Smaragd, ø 4 mm
- 48 Glasschliff-Perlen in Onyx, ø 4 mm
- 7 Rocailles in Schwarz, ø 2,6 m
- 2 Ohrstecker in Silber mit Platte und Clutch (Gummihinterteil), ø 6 mm
- Steck- oder Nähnadel
- Nylonfaden, ø 0,25 mm, 2 x ca. 1 m lang

KREOLEN IN BLAUGRAU

- 28 Swarovski®-Perlen in Ebenholz, ø 4 mm
- 28 Swarovski®-Perlen in Blaugrau, ø 4 mm
- 48 Glasschliff-Perlen in Onyx, ø 4 mm
- 7 Rocailles in Porzellan Hellblau, ø 2,6 m
- 2 Ohrstecker in Silber mit Platte und Clutch (Gummihinterteil), ø 6 mm
- Steck- oder Nähnadel
- Nylonfaden, ø 0,25 mm, 2 x ca. 1 m lang

Seite 8, 10

WEITERFÜHRUNG

Festliches Ensemble

ski®-Perle aufnehmen. Durch die in Abbildung 2 mit Pfeil 1 markierte Glasschliff-Perle kreuzen. Diesen Arbeitsschritt sechs weitere Male wiederholen und dabei durch die mit Pfeilen markierten und nummerierten Glasschliff-Perlen kreuzen. Dabei die Farbskizze beachten!

5 Arbeit wie auf Seite 5 beschrieben abschließen.

6 Die Unterseite der obersten Blüte mit Schmuckkleber auf die Klebefläche des Steckers kleben. Klebehinweis von Seite 4 beachten.

Abb. 1

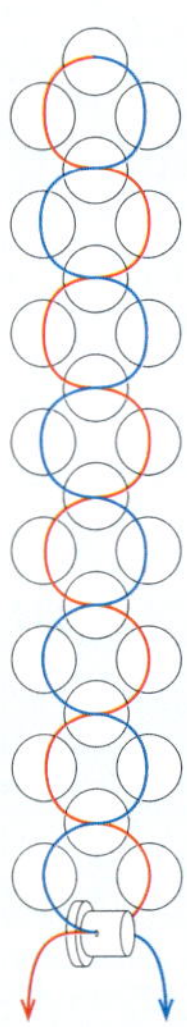

Abb. 2

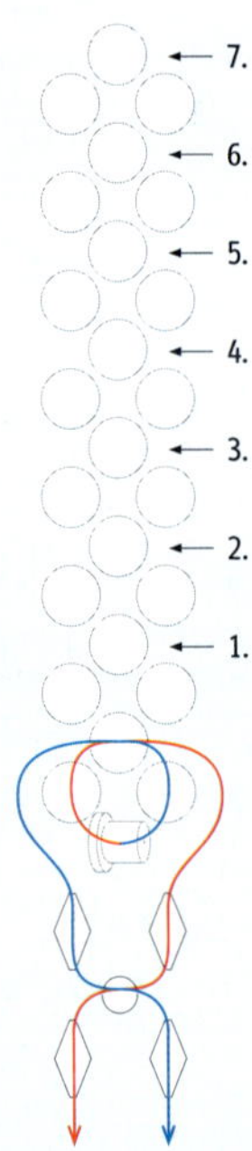

Kreolen in Gold

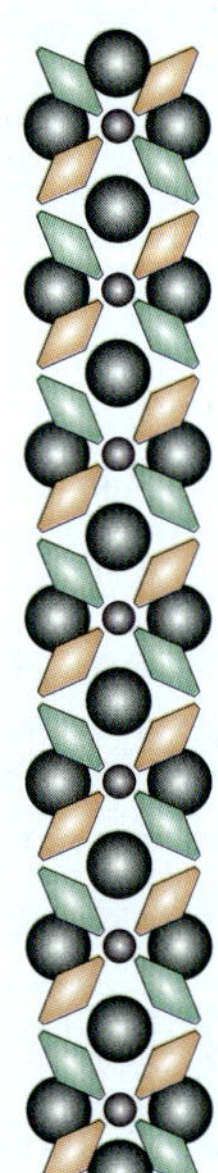

Kreolen in Blaugrau

Abb. A

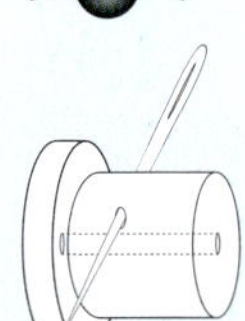

Skizze zum Durchstechen des Ohrsteck-Hinterteils

MATERIAL

- 12 Swarovski®-Perlen in Blauviolett, ø 6 mm
- 18-22 Swarovski®-Perlen in Weißopal, ø 4 mm
- ca. 58-74 Glasschiff-Perlen in Aquamarin, ø 4 mm
- Glasschiff-Perle in Saphir, ø 10 mm
- 4 Quetschkalotten in Silber, ø 4 mm
- 4 Quetschperlen in Silber, ø 1,8 mm
- 4 Ringel in Silber, oval, 5,2 mm x 3,7 mm
- zweireihige Ornamentschließe in Silber, 6 mm x 12,7 mm
- Nylonfaden, ø 0,25 mm, 1 x ca. 1 m lang, 1 x ca. 30 cm lang

Armband

→ zauberhaft

1 Zehn Glasschliff-Perlen auf den ca. 1 m langen Nylonfaden aufnehmen und durch Kreuzen durch eine Perle zum Kreis schließen. Arbeit in die Mitte des Fadens ziehen. Auf beide Fäden die große Glasschliff-Perle (ø 10 mm) aufnehmen. Fäden wieder trennen und durch die mit Pfeil markierte Glasschliff-Perle des Kreises kreuzen (Abb. 1).

2 Bei mäßiger Fadenspannung durch Kreisfädelungen den Kranz aus großen und kleinen Swarovski®-Perlen ausarbeiten (Abb. 2).

3 Für das Armband auf jeden Faden zwei Glasschliff-Perlen aufnehmen und die Fäden durch eine Swarovski®-Perle in Blauviolett kreuzen. Wieder auf jeden Faden zwei Glasschliff-Perlen aufnehmen und die Fäden durch eine Swarovski®-Perle in Weißopal kreuzen. Dies so lange wiederholen, bis knapp die Länge bis zur Handgelenksmitte erreicht ist (Abb. 3).

4 Den zweiten, 30 cm langen Faden gemäß Abbildung 3 mittig durch die Swarovski®-Perle auf der gegenüberliegenden Seite ziehen und das Armband ausarbeiten (siehe Arbeitsschritt 3).

5 Auf jedes Fadenenden eine Quetschperle aufnehmen und durch Zusammendrücken fixieren. Jeweils eine Quetschkalotte darüber schließen und in diese einen Ringel einhängen. Damit am Verschluss befestigen.

Tipp: Das Armband sollte so eng wie eine Uhr getragen werden. Bei der individuellen Länge des Armbandes die Länge des Verschlusses mit einrechnen.

Tipp: Das Collier auf Seite 18/19 wird genauso wie das Armband gearbeitet. An diesem Beispiel können Sie sehen, wie unterschiedlich die gleiche Fädelung durch andere Farben wirkt.

Tipp: Einige der mehrreihigen Verschlüsse werden im Handel bereits mit passenden Quetschkalotten und Ringeln komplett im Set angeboten!

Abb. 1

Abb. 2

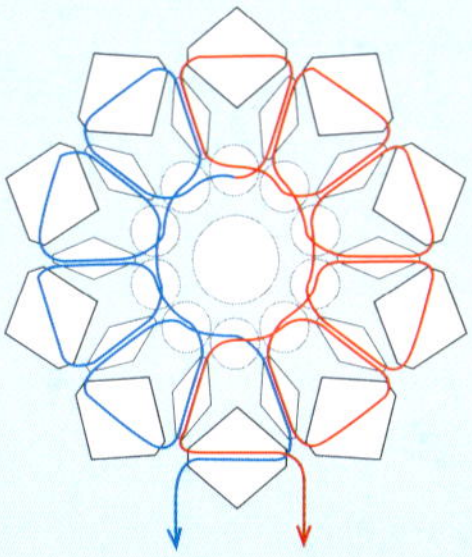

Abb. 3

Ohrclips

→ glamourös

MATERIAL

- 16 Swarovski®-Perlen in Ebenholz, ø 4 mm
- 4 Swarovski®-Perlen in Mondstein, ø 4 mm
- 8 Swarovski®-Perlen in Mondstein, ø 6 mm
- 16 Swarovski®-Perlen in Ebenholz, ø 6 mm
- 4 Swarovski®-Perlen in Mondstein, ø 8 mm
- 6 Glasschliff-Perlen in Onyx, ø 3 mm
- 2 Ohrclips in Silber, ø 19 mm

Seite 17, 25

Abbildung auch auf Seite 1.

1 Für das obere Element des Ohrrings zwei Swarovski®-Perlen in Ebenholz (ø 4 mm) und eine Swarovski®-Perle in Mondstein (ø 6 mm) auffädeln und die Fäden durch eine Swarovski®-Perle in Mondstein (ø 4 mm) kreuzen. Arbeit in die Mitte des Fadens ziehen.

2 Auf den rot dargestellten Faden zwei Swarovski®-Perlen in Ebenholz (ø 4 mm) aufnehmen und die Fäden durch eine Swarovski®-Perle in Mondstein (ø 6 mm) kreuzen. Dadurch erfolgt ein Richtungswechsel.

3 Auf den äußeren, blau dargestellten Faden zwei Swarovski®-Perlen in Ebenholz (ø 4 mm) aufnehmen und beide Fäden durch eine Swarovski®-Perle in Mondstein (ø 4 mm) kreuzen.

4 Den inneren, blau dargestellten Faden durch die vertikal liegende Swarovski®-Perle ziehen und auf den äußeren, rot dargestellten Faden eine Swarovski®-Perle in Ebenholz (ø 4 mm) aufnehmen. Fäden durch eine weitere Swarovski®-Perle in Ebenholz (ø 4 mm) kreuzen (Abb. 1).

5 Die Glasschliff-Perle gemäß Abbildung 2 zwischenfädeln. Die aufeinander treffenden Fäden verknoten, eine weitere Glasschliff-Perle auf beide Fäden ziehen und das zweite Element des Ohrrings arbeiten. Das Fädelschema entspricht dem ersten Element, nur die Größe der Perlen variiert (Abb. 2 und 3).

6 Arbeit (siehe Seite 5) beenden. Die Rückseite des kleinen Elements mit Schmuckkleber auf die Klebefläche am Ohrclip kleben. Dazu bitte die Klebehinweise auf Seite 4 beachten.

Abb. 1

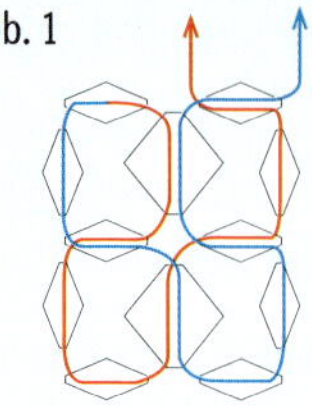

Abb. 2

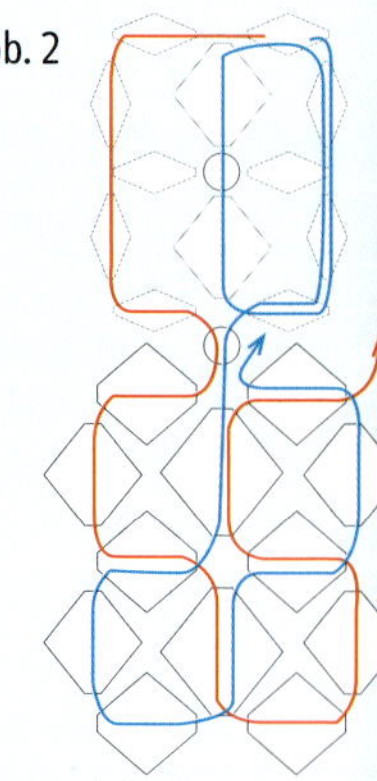

Abb. 3

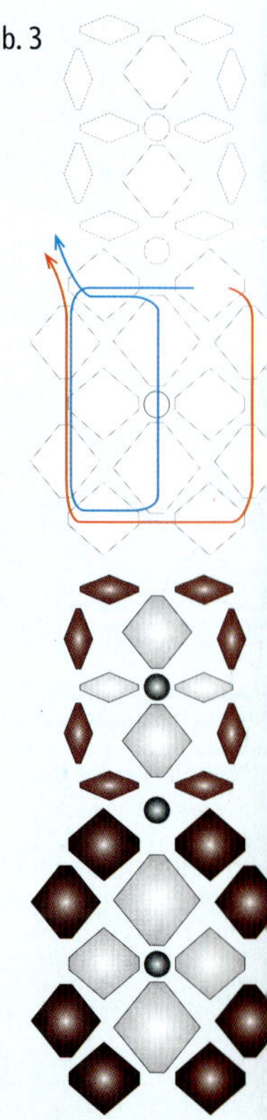

Exquisite Ringe

→ schlicht und elegant

MATERIAL RING IN MONDSTEIN

- 8 Swarovski®-Perlen in Mondstein, ø 4 mm
- 2 Swarovski®-Kristall-Würfel, 4 mm x 4 mm
- Swarovski®-Kristall-Würfel, 8 mm x 8 mm
- Rocailles in Silber, ø 2 mm
- Nylonfaden, ø 0,25 mm, ca. 1 m lang

RING IN SCHWARZ

- 8 Swarovski®-Perlen in Ebenholz, ø 4 mm
- 2 Swarovski®-Kristall-Würfel, 4 mm x 4 mm
- Swarovski®-Kristall-Würfel, 8 mm x 8 mm
- Rocailles in Schwarz gelüstert, ø 2 mm
- Nylonfaden, ø 0,25 mm, ca. 1 m lang

Seite 16, 25

Abb. 1

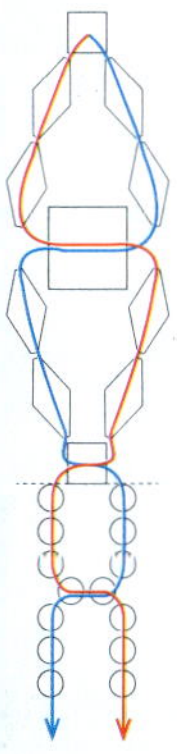

Abb. 2

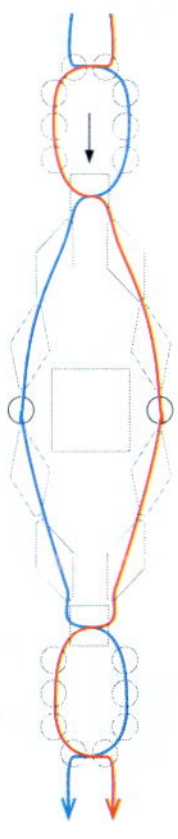

Ring in Mondstein

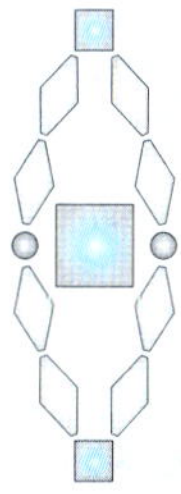

Ring in Schwarz

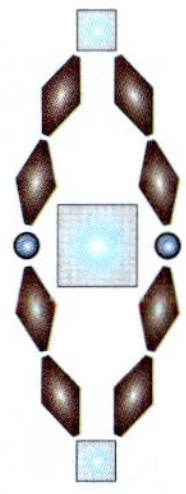

Abbildung auch auf Seite 1.

1 Auf den Nylonfaden zwei Swarovski®-Perlen, einen kleinen Kristall-Würfel und wieder zwei Swarovski®-Perlen aufnehmen. Fäden durch den großen Kristall-Würfel kreuzen. Arbeit in die Mitte des Fadens ziehen. Auf jeden Faden zwei Swarovski®-Perlen aufnehmen und die Fäden durch einen kleinen Kristall-Würfel kreuzen.

2 Für die Ringschiene auf jeden Faden jeweils drei Rocailles aufnehmen und durch zwei weitere kreuzen. Diesen Rapport so lange fortsetzen, bis die Schiene lang genug ist (Abb. 1).

3 Zum Schließen des Ringes durch den kleinen, in Abb. 2 mit Pfeil markierten Würfel kreuzen und nochmals beidseitig durch die zwei Swarovski®-Perlen führen. Auf jeden Faden eine Rocaille aufnehmen und im Muster weiterfädeln (Abb. 2).

4 Die Fäden aus Stabilitätsgründen nochmals durch die Ringschiene fädeln. Den Ring wie auf Seite 4 beschrieben fertigstellen.

Collier

→ nostalgisch

MATERIAL

- 16 Swarovski®-Perlen in Smaragd, ø 6 mm
- 10 Swarovski®-Perlen in Jade, ø 4 mm
- 20 Glasschliff-Perlen in Onyx, ø 4 mm
- Glasschliff-Perle in Smaragd, ø 10 mm
- Rocailles in Alabaster Antikgrün, ø 2,6 mm
- 2 Quetschkalotten in Silber, ø 4 mm
- 2 Quetschperlen in Silber, ø 1,8 mm
- 2 Ringel in Silber, oval, 5,2 mm x 3,7 mm
- Nylonfaden, ø 0,25 mm, 1 x ca. 1 m lang, 1 x ca. 50 cm lang
- ovale Schmuckschließe in Silber, 12,6 mm x 7,2 mm

1 Das Mittelstück des Colliers gemäß der Fädelanleitung für das Armband auf Seite 14, Arbeitsschritte 1-2 und Skizze 1 und 2 ausarbeiten. Dabei an der Farbskizze für das Collier orientieren.

2 Für die Kette auf jeden Faden sechs Rocailles aufnehmen und die Fäden durch eine Glasschliff-Perle und die daneben liegende Rocaille kreuzen. Auf jeden Faden eine Swarovski®-Perle in Smaragd aufnehmen und die Fäden durch eine Rocaille kreuzen. Wieder auf jeden Faden eine Swarovski®-Perle in Smaragd aufnehmen und die Fäden durch eine Rocaille, Glasschliff-Perle, Rocaille kreuzen.

3 Auf jeden Faden zwölf Rocailles, eine Glasschliff-Perle und eine Rocaille aufnehmen. Diese Fäden zunächst zur Seite legen und am besten mit etwas Klebefilm auf der Unterlage fixieren.

4 Den zweiten Faden (in Abb. 1 grün dargestellt) gemäß Arbeitsskizze mittig durch die bereits verarbeiteten Rocailles, Glasschliff-Perle, Rocailles fädeln (Skizze beachten). Auf jedes Fadenende fünfzehn Rocailles, eine Glasschliff-Perle und eine Rocaille aufnehmen. Diesen unteren Faden mit dem darüber liegenden, vorher zur Seite gelegten Faden (rot bzw. blau dargestellt) durch eine Swarovski®-Perle in Smaragd kreuzen.

5 Auf jeden Faden eine Rocaille und danach eine Glasschliff-Perle aufnehmen und bis zur Mitte des Nackens Rocailles aufnehmen. Die Gegenseite analog arbeiten (Abb. 1).

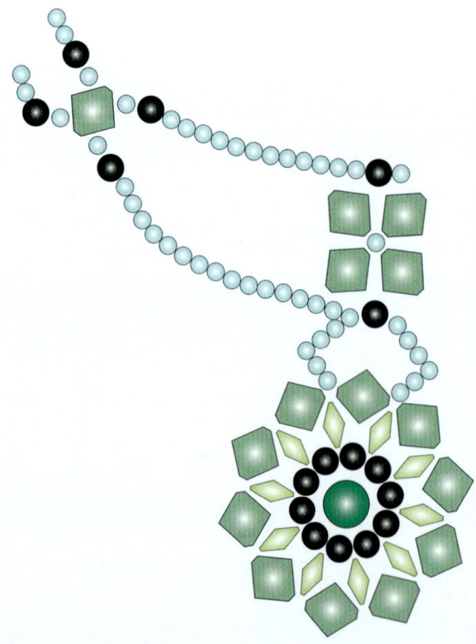

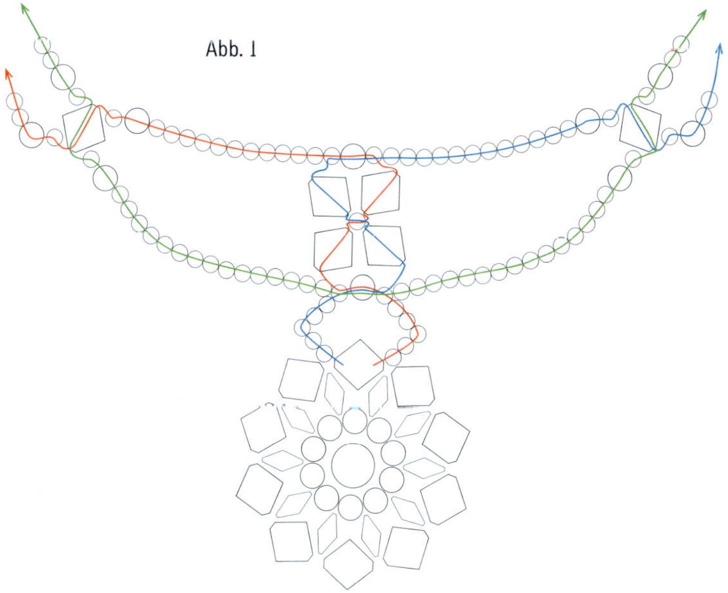

Abb. 1

MATERIAL
RING

- Swarovski®-Perle in Karamell, ø 8 mm
- 2 Swarovski®-Perlen in Karamell, ø 6 mm
- 8 Swarovski®-Perlen in Star Türkis, ø 4 mm
- 2 Glasschliff-Perlen in Onyx, ø 4 mm
- Rocailles in Schwarz gelüstert, ø 2 mm
- Nylonfaden, ø 0,25 mm, ca. 1 m lang

OHRRINGE

- 2 Swarovski®-Perlen in Karamell, ø 8 mm
- 4 Swarovski®-Perle in Karamell, ø 6 mm
- 20 Swarovski®-Perlen in Star Türkis, ø 4 mm
- 4 Glasschliff-Perlen in Onyx, ø 4 mm
- 18 Rocailles in Schwarz gelüstert, ø 2 mm
- 2 Ohrhänger in Silber
- Nylonfaden, ø 0,25 mm, 2 x ca. 50 cm lang

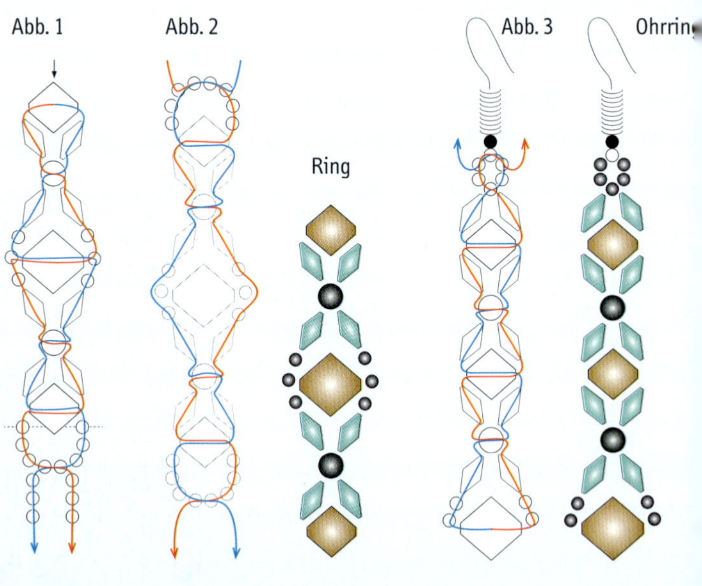

Kombination in Türkis

→ edel und dezent

Ring

1 Eine Swarovski®-Perle in Türkis, eine Swarovski®-Perle in Karamell (ø 6 mm) und wieder eine Swarovski®-Perle in Türkis aufziehen. Fäden durch eine Glasschliff-Perle kreuzen und die Arbeit in die Mitte des Fadens ziehen. Auf jeden Faden eine Swarovski®-Perle in Türkis und zwei Rocailles aufnehmen und durch die Swarovski®-Perle in Karamell (ø 8 mm) und die auf jeden Faden zuletzt aufgenommene Rocaille kreuzen. Auf jeden Faden eine Rocaille und eine Swarovski®-Perle in Türkis aufnehmen und durch eine Glasschliff-Perle kreuzen. Auf jeden Faden eine Swarovski®-Perle in Türkis aufnehmen und durch eine Swarovski®-Perle in Karamell (ø 6 mm) kreuzen (Abb. 1).

2 Für die Ringschiene auf jeden Faden drei Rocailles aufnehmen und durch zwei weitere Rocailles kreuzen. Diesen Rapport so lange wiederholen, bis die Ringschiene lang genug ist. Schiene durch Kreuzen in der mit Pfeil in Abb. 1 markierten Swarovski®-Perle schließen.

3 Danach gemäß Abbildung 2 durch den Ring und anschließend dem Muster folgend durch die fertige Ringschiene fädeln. So wird die große Perle nach oben gedrückt und der Ring bekommt Stabilität. Arbeit wie auf Seite 5 beschrieben abschließen.

Ohrringe

1 Gemäß Abbildung 3 eine Swarovski®-Perle in Türkis, zwei Rocailles, die Swarovski®-Perle in Karamell (ø 8 mm), zwei Rocailles und wieder eine Swarovski®-Perle in Türkis aufnehmen und durch eine Glasschliff-Perle die Fäden kreuzen. Arbeit in die Mitte des Fadens ziehen.

2 Auf jeden Faden eine Swarovski®-Perle in Türkis aufnehmen und durch eine Swarovski®-Perle in Karamell (ø 6 mm) kreuzen. Auf jeden Faden eine Swarovski®-Perle in Türkis aufnehmen und durch eine Glasschliff-Perle kreuzen. Auf jeden Faden eine Swarovski®-Perle in Türkis aufnehmen und durch eine Swarovski®-Perle in Karamell (ø 6 mm) kreuzen. Auf jeden Faden eine Swarovski®-Perle in Türkis aufnehmen und durch eine Rocaille kreuzen.

3 Auf jeden Faden zwei Rocailles aufnehmen und durch die Öse des Ohrhakens kreuzen.

4 Dem Muster folgend aus Stabilitätsgründen wieder zurückfädeln. Die Arbeit wie auf Seite 5 beschrieben abschließen. Den zweiten Ohrring analog arbeiten.

Armband und Collier

→ in sonnigen Farben

Armband

1 Das Armband besteht aus zwei Kugeln aus orangeroten Swarovski®-Perlen (ø 4 mm) und einer größeren Kugel aus Swarovski®-Perlen in Koralle (ø 6 mm).

2 Jede Kugel besteht aus 12 Swarovski®-Perlen.

3 Wie die Kugeln gearbeitet werden, ist auf Seite 26/27 (Ohrhänger) beschrieben. Statt des Kristall-Perltropfens bitte eine Swarovski®-Perle einarbeiten.

4 Kugeln und Quetschperlen gemäß Abb. 1 auf die zwei Schmuckdrahtstücke ziehen und fixieren. Dann den Verschluss anbringen (siehe Seite 4).

Tipp: Magnetverschlüsse oder Schiebeverschlüsse eignen sich durch die einfache Handhabung, da sie sich nur mit einer Hand öffnen und schließen lassen, besonders gut für Armbänder. Achten Sie jedoch beim Magnetverschluss darauf, dass der Magnet besonders stark ist.

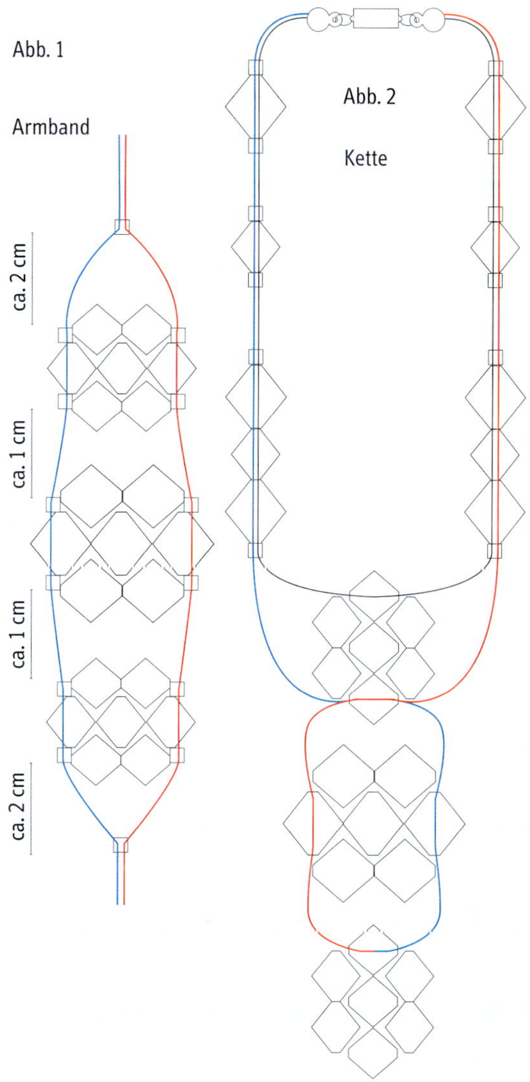

MATERIAL ARMBAND

- 12 Swarovski®-Perlen in Koralle, ø 6 mm
- 24 Swarovski®-Perlen in Orangerot, ø 4 mm
- beliebige Perle als Stopperperle
- 16 Quetschperlen in Gold, ø 1,8 mm
- 2 Quetschkalotten in Gold, ø 4 mm
- 2 Ringel in Gold, oval, 5,2 mm x 3,7 mm
- Schmuckdraht in Gold, ø 0,4 mm, 2 x ca. 25 cm lang
- Nylonfaden, ø 0,25 mm, 3 x ca. 70 cm lang
- Magnetschließe in Gold, 11 mm lang

COLLIER

- 18 Swarovski®-Perlen in Orangerot, ø 8 mm
- 28 Swarovski®-Perlen in Koralle, ø 6 mm
- beliebige Perle als Stopperperle
- 14 Quetschperlen in Gold, ø 1,8 mm
- 2 Quetschkalotten in Gold, ø 4 mm
- 2 Ringel in Gold, oval, 5,2 mm x 3,7 mm
- Schmuckdraht in Gold, ø 0,4 mm, 2 x ca. 60 cm lang
- Nylonfaden, ø 0,25 mm, 3 x ca. 70 cm lang
- Karabinerverschluss in Gold, 13 mm lang

WEITERFÜHRUNG

Armband und Collier

Collier

1 Das Collier besteht aus zwei Kugeln aus Swarovski®-Perlen in Koralle (ø 6 mm) und einer größeren Kugel aus Swarovski®-Perlen in Orangerot (ø 8 mm).

2 Die Kugeln werden wie auf Seite 26/27 (Ohrhänger) beschrieben aus je zwölf Swarovski®-Perle einzeln hergestellt. Statt des Kristall-Perltropfens bitte eine Swarovski®-Perle einarbeiten.

3 Ein Schmuckdrahtstück wird gemäß Abbildung 2, Seite 23 (rot und blau dargestellt) durch die Swarovski®-Perlen der Kugeln geführt und hält diese in einem Verbund untereinander zusammen. Das zweite Drahtstück (schwarz dargestellt) wird nur durch die obere Swarovski®-Perlenkugel gezogen. Durch die Quetschperlen und folgenden Swarovski®-Perlen werden die Drähte zusammengeführt. Zum Auffädeln an der Skizze orientieren. Die Drähte zum Schluss auf gleiche Länge kürzen und den Verschluss gemäß Seite 4 anbringen.

Stilvolles Ensemble

→ wertvoll mit Kristall-Kreuz

MATERIAL

KETTE

- 9 Swarovski®-Perlen in Ebenholz, ø 6 mm
- 8 Swarovski®-Perlen in Weißopal, ø 6 mm
- Swarovski®-Kristall-Schmuckkreuz, ø 20 mm
- Rocailles in Silber, ø 2 mm
- 17 Kettelstifte in Silber, 35 mm x 0,8 mm
- 4 Ringel in Silber, ø 7 mm
- 14 Ringel in Silber, oval, 5,2 mm x 3,7 mm
- Karabinerverschluss in Silber, 13 mm lang

OHRHÄNGER

- 22 Swarovski®-Perlen in Ebenholz, ø 6 mm
- 2 Swarovski®-Perlen in Weißopal, ø 6 mm
- 2 Swarovski®-Kristall-Perltropfen, 10 mm x 7 mm
- 4 Quetschperlen in Silber, ø 1,8 mm
- Schmuckdraht in Silber, ø 0,4 mm, 2 x ca. 15 cm lang
- 2 Ohrhänger in Silber

Seite 16, 17

WEITERFÜHRUNG

Stilvolles Ensemble

Kette

1 Auf jeden Kettelstift vier Rocailles, eine Swarovski®-Perle und wieder vier Rocailles fädeln. Den überstehenden Draht auf beiden Seiten mit einer Rundzange zu kleinen Ösen biegen.

2 Auf diese Weise acht Kettelstifte mit einer Swarovski®-Perle in Ebenholz und acht mit einer Swarovski®-Perle in Weißopal arbeiten. Auf einen Kettelstift eine Rocaille, eine Swarovski®-Perle in Ebenholz und eine Rocaille ziehen. Diesen Kettelstift so weit kürzen, dass gerade noch eine kleine Öse gebogen werden kann.

3 Den Karabiner in einen großen Ringel und diesen wiederum in einen Kettelstift mit einer Swarovski®-Perle in Ebenholz einhängen. Acht Kettelstifte im farblichen Wechsel mit jeweils einem kleinen Ringel verbinden. Die zweite Seite genauso arbeiten. Hier in den ersten großen Ringel keinen Karabiner einhängen.

4 Die Kette an den zwei untersten Kettelstiften mit den Swarovski®-Perlen in Weißopal mit einem großen Ringel schließen. In diesen den kurzen Kettelstift einhängen. In die untere Öse mit einer großen Öse das Kreuz einhängen.

Ohrhänger

1 Jede Kugel besteht aus 12 Swarovski®-Perlen. Für die Kugel die Stopperperle aufnehmen und in die Mitte des Fadens schieben. Ein Fadenende in die Gegenrichtung nochmals durchziehen, damit ist der Arbeitsfaden gesichert. Diese Perle wird später entfernt.

2 Vier Swarovski®-Perlen auffädeln und zum Kreis schließen. Dazu den Faden durch die beiden ersten Perlen kreuzen (Abb. 1).

3 Drei Swarovski®-Perlen aufnehmen und den Faden durch die Perle der ersten Reihe ziehen, aus der der Arbeitsfaden gerade herauskommt. Danach durch die zweite Perle der ersten Reihe fädeln (Abb. 2).

4 Zwei Swarovski®-Perlen aufnehmen und durch die erste Perle der zweiten Reihe und durch die nächste und die darauf folgende Perle der ersten Reihe fädeln (Abb. 3).

5 Zwei Swarovski®-Perlen aufnehmen und durch die erste Perle der dritten Reihe und durch die nächste und darauf folgende Perle der ersten Reihe fädeln (Abb. 4).

6 Den Faden weiter durch die dritte Perle der ersten Reihe fädeln. Dann den Perltropfen aufnehmen und den Faden weiter durch die erste Perle der vierten Reihe ziehen (Abb. 5).

7 Jetzt die Stopperperle entfernen und den Faden mit Gefühl fest anziehen, damit sich die Arbeit zur Kugel formt. Vorsicht, dass der Faden nicht reißt! Den Faden zweimal miteinander verknoten, im Muster verweben und abschneiden.

8 Auf ein Stück Schmuckdraht eine Quetschperle fädeln und den Draht durch die oberste Swarovski®-Perle fädeln. Draht zur kleinen Schlaufe legen und durch die Quetschperle zurückfädeln. Quetschperle fixieren. Die Swarovski®-Perle in Weißopal und eine weitere Quetschperle auffädeln. Drahtende durch die Öse des Ohrhängers und durch die Quetschperle zurückfädeln. Quetschperle fixieren. Überstehenden Draht abzwicken.

Tipp: Die fertige Kette misst inklusive Kreuzanhänger 54 cm. Auch eine kürzere, halsnahe Version sieht sehr apart aus. Lassen Sie dafür auf jeder Seite ein bis zwei Kettelstifte weg.

Kette

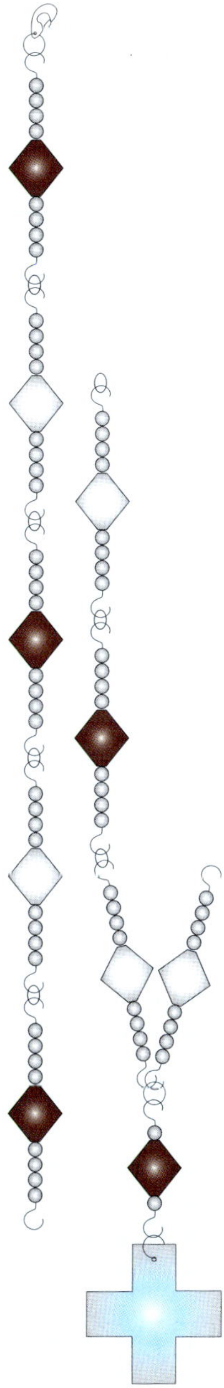

Abb. 1

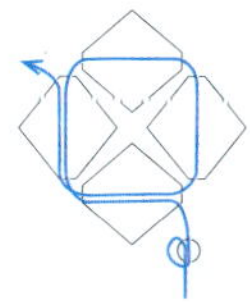

Abb. 2

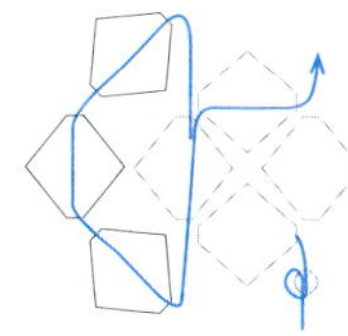

Abb. 3

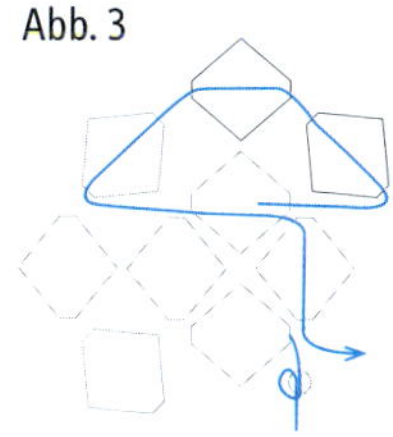

Abb. 4

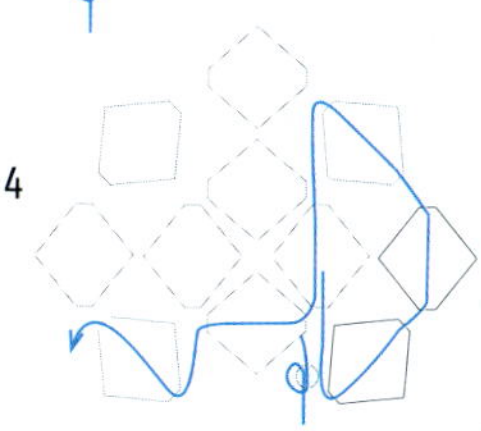

Abb. 5

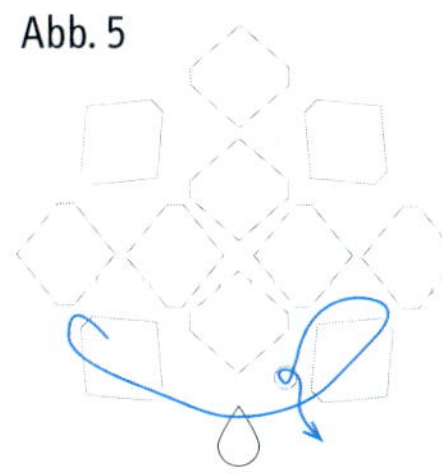

Ohrhänger

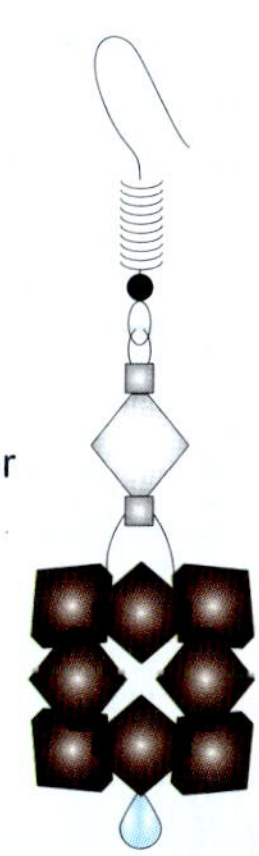

Abb. 1

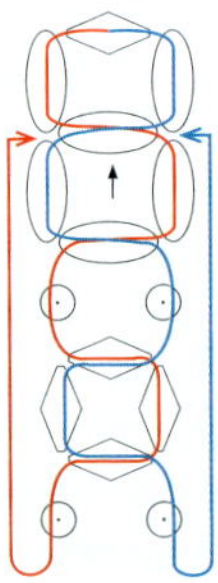

Abb. 2

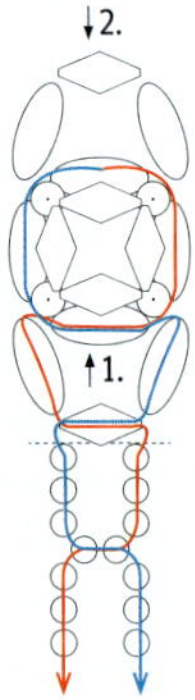

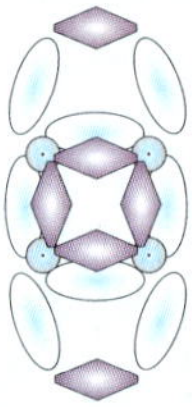

Ring

Abb. 1

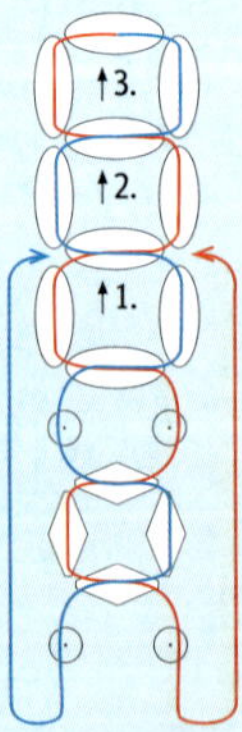

Abb. 2

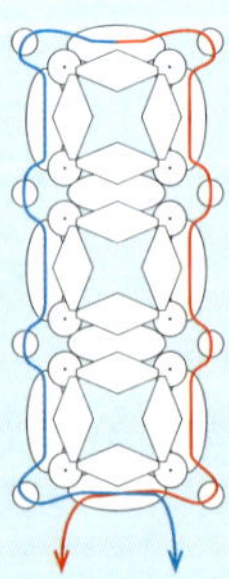

Brosche

Ring und Brosche

→ floral

Ring

1 Für die Unterseite eine Olive, eine amethystfarbene Swarovski®-Perle und eine Olive auffädeln und die Fäden durch eine weitere Olive kreuzen. Arbeit in die Mitte des Fadens ziehen.

2 Auf jeden Faden eine Olive ziehen und die Fäden durch eine weitere Olive kreuzen. Auf jeden Faden eine Scheibe aufnehmen und die Fäden durch eine amethystfarbene Swarovski®-Perle kreuzen. Auf jeden Faden eine amethystfarbene Swarovski®-Perle aufnehmen und die Fäden durch eine weitere amethystfarbene Swarovski®-Perle kreuzen. Auf jeden Faden eine Scheibe aufnehmen und die Fäden durch die in Abbildung 1 mit Pfeil markierte Olive kreuzen (Abb. 1).

3 Gemäß Abbildung 2 durch die bereits eingearbeiteten Oliven der Unterseite zurückfädeln. Durch die mit Pfeil 1 markierte Olive kreuzen. Auf jeden Faden eine Olive aufnehmen, durch eine amethystfarbene Swarovski®-Perle kreuzen und von dort aus die Ringschiene arbeiten.

4 Für die Ringschiene auf jeden Faden drei Rocailles aufnehmen und durch zwei weitere kreuzen. Diesen Rapport so lange fortsetzen, bis die Schiene lang genug ist. Fäden durch die in Abbildung 2 mit Pfeil 2 markierte Swarovski®-Perle kreuzen. Zur Stabilisierung die Ringschiene nochmals zurückfädeln. Dann die Arbeit wie auf Seite 5 beschrieben fertigstellen.

Brosche

1 Gemäß Abb. 1 drei Oliven auffädeln und die Fäden durch eine weitere Olive kreuzen. Arbeit in die Mitte des Fadens ziehen.

2 Auf jeden Faden eine Olive aufziehen und durch eine weitere Olive kreuzen.

3 Arbeitsschritt 2 nochmals wiederholen.

4 Auf jeden Faden eine Scheibe aufnehmen und die Fäden durch eine amethystfarbene Swarovski®-Perle kreuzen. Auf jeden Faden eine amethystfarbene Swarovski®-Perle aufnehmen und die Fäden durch eine weitere amethystfarbene Swarovski®-Perle kreuzen.

5 Auf jeden Faden eine Scheibe aufnehmen und die Fäden durch die in Abbildung 1 mit Pfeil 1 markierte Swarovski® Kristall-Olive kreuzen (Abb. 1).

6 Arbeitschritt 5 einmal mit Swarovski®-Perlen in Fuchsia wiederholen und durch die mit Pfeil 2 markierte Olive kreuzen. Arbeitsschritt 5 ein weiteres Mal mit Swarovski®-Perlen in Amethyst ausführen und durch die mit Pfeil 3 markierte Oliven kreuzen.

7 Gemäß Abbildung drei Rocailles in die Lücken der seitlich liegenden Oliven fädeln.

8 Dann die Arbeit wie auf Seite 5 beschrieben abschließen. Mit Schmuckkleber auf die Broschennadel kleben, dazu die Klebehinweise auf Seite 4 beachten.

MATERIAL

RING

- 6 Swarovski®-Perlen in Amethyst, ø 4 mm
- 4 Swarovski®-Kristall-Scheiben, ø 6 mm
- 8 Swarovski®-Kristall-Oliven, 7,5 mm x 5 mm
- Rocailles in Silber, ø 2 mm
- Nylonfaden, ø 0,25 mm, ca. 1 m lang

BROSCHE

- 8 Swarovski®-Perlen in Amethyst, ø 4 mm
- 4 Swarovski®-Perlen in Fuchsia, ø 4 mm
- 12 Swarovski®-Kristall-Scheiben, ø 6 mm
- 10 Swarovski®-Kristall-Oliven, 7,5 mm x 5 mm
- 8 Rocailles in Silber, ø 2 mm
- Nylonfaden, ø 0,25 mm, ca. 1 m lang
- Broschennadel in Silber, ca. 2,5 cm lang

Seite 7

Orden

→ aparter Blickfang

MATERIAL

- 12 Glasschliff-Oliven in Onyx, 6 mm x 4 mm
- 16 Glasschliff-Perlen in Onyx, ø 4 mm
- 12 Glasschliff-Perlen in Onyx, ø 3 mm
- 32 Swarovski®-Perlen in Kardinalrot, ø 4 mm
- 4 Strasssteine in Kristall zum Aufnähen, ø 4 mm
- 12 Rocailles in Schwarz gelüstert, ø 2 mm
- Nylonfaden, ø 0,25 mm, 2 x ca. 1 m lang
- Satinband in Schwarz, 1,5 cm breit, ca. 1 m lang

1 Das Kreuz wird der Einfachheit halber mit zwei Nylonfäden gearbeitet.

2 Zunächst für die Unterseite einer Strebe drei Glasschliff-Oliven aufnehmen und durch eine Glasschliff-Perle (ø 4 mm) kreuzen. Alles in die Mitte des Fadens ziehen. Dann gemäß Abbildung 1 weitere Glasschliff-Perlen und Oliven aufnehmen.

3 Auf jeden Faden eine Swarovski®-Perle aufnehmen und die Fäden durch eine Glasschliff-Perle (ø 3 mm) kreuzen. Auf jeden Faden eine Swarovski®-Perle aufnehmen und die Fäden durch die in Abbildung 1 mit Pfeil 1 markierte Glasschliff-Perle kreuzen.

4 Arbeitschritt 3 wiederholen und dabei durch die mit Pfeil 2 markierte Glasschliff-Perle kreuzen.

5 Auf jeden Faden eine Swarovski®-Perle aufnehmen und die Fäden durch einen Strassstein kreuzen.

6 Auf jeden Faden eine Swarovski®-Perle aufnehmen und die Fäden durch die in Abbildung 1 mit Pfeil 3 markierte Glasschliff-Perle kreuzen.

7 Arbeitsschritt 3 noch zweimal wiederholen und dabei durch die mit Pfeil 4 und danach mit Pfeil 5 markierte Glasschliff-Perle kreuzen (Abb. 1).

8 Auf jeden Faden zwei Glasschliff-Perlen (ø 3 mm) aufnehmen und drei Strasssteine hintereinander durch Kreuzen einarbeiten (Abb. 2). Fäden zunächst hängen lassen.

Abb. 1

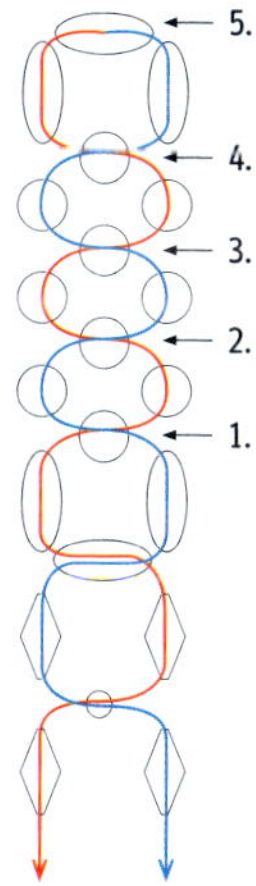

Abb. 2

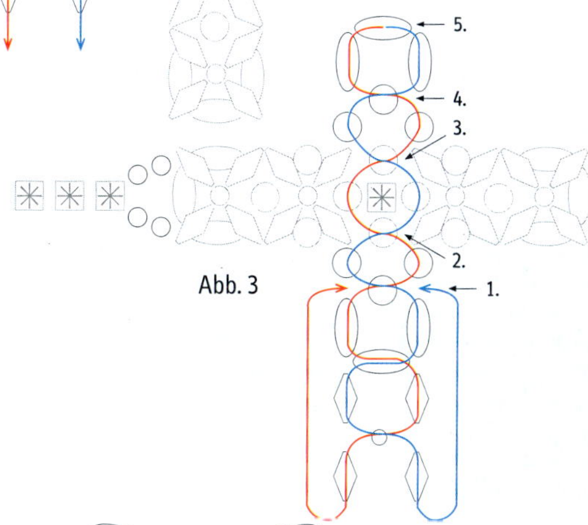

Abb. 3

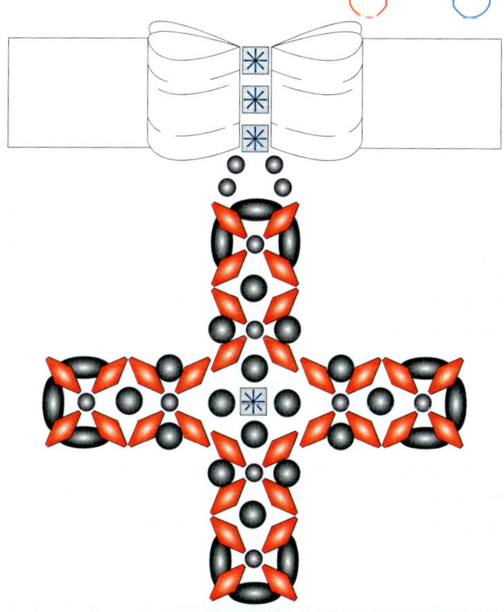

WEITERFÜHRUNG

Orden

9 Auf den zweiten Arbeitsfaden Glasschliff-Oliven und Glasschliff-Perlen gemäß Abbildung 3 aufnehmen. Orientierungshilfe: Start ist die oberste, horizontal liegende Olive. Die bereits fertige vertikale Strebe wird hierbei eingearbeitet. Das heißt, an der Kreuzung der Streben keine neuen Glasschliff-Perlen aufnehmen, sondern nur durch die bereits vorhandenen kreuzen, durchfädeln und kreuzen.

10 Die Oberseite aus Swarovski®-Perlen wie in Arbeitsschritt 2 beschrieben einarbeiten. Achtung: durch die Unterseite des Strasssteins wird nur durchgefädelt um auf der anderen Seite die zwei letzten Oberseiten arbeiten zu können.

11 Mit diesen Fäden in die Lücken zwischen den seitlich sitzenden Glasschliff-Oliven/Glasschliff-Perlen sowie Glasschliff-Perlen/Glasschliff-Perlen jeweils eine Rocaille zwischenfädeln. Diese Fäden im Kreuz verweben, verknoten und abschneiden.

12 Das Satinband mittig wie die Falten einer Ziehharmonika legen (siehe Abbildung). Mit den zwei vorher hängen gelassenen Nylonfäden die drei Strasssteine auf das Band nähen und so gleichzeitig die angedeutete Schleife fixieren. Die Fäden vernähen und abschneiden. Das Halsband wird zum Schließen im Nacken zur Schleife gebunden.

IMPRESSUM

Wir danken der Firma Rayher Hobby GmbH, Laupheim, für die freundliche Unterstützung.

FOTOS: frechverlag GmbH, 70499 Stuttgart; Fotostudio Ullrich & Co., Renningen
DRUCK: frechdruck GmbH, 70499 Stuttgart

Auflage:	5.	4.	3.	2.	1.	
Jahr:	2009	2008	2007	2006	2005	[Letzte Zahlen maßgebend]

ISBN 3-7724-3373-1
Best.-Nr. 3373